Gabriel Chalita

CALENDÁRIO FILOSÓFICO
Para viver melhor

Editora Senac Rio – Rio de Janeiro – 2023

filosófico: para viver melhor © Gabriel Chalita, 2023.

esta edição reservados ao Serviço Nacional de Aprendizagem Comercial – Administração Regional do Rio de Janeiro
os termos da lei, a reprodução total ou parcial deste livro.

Senac RJ

Presidente do Conselho Regional
Antonio Florencio de Queiroz Junior

Diretor Regional
Sergio Arthur Ribeiro da Silva

Diretor de Operações Compartilhadas
Pedro Paulo Vieira de Mello Teixeira

Assessor de Inovação e Produtos
Claudio Tangari

Editora Senac Rio
Rua Pompeu Loureiro, 45/11º andar
Copacabana – Rio de Janeiro
CEP: 22061-000 – RJ
comercial.editora@rj.senac.br
editora@rj.senac.br
www.rj.senac.br/editora

Gerente/Publisher
Daniele Paraiso

Coordenação editorial
Cláudia Amorim

Prospecção
Manuela Soares

Coordenação administrativa
Alessandra Almeida

Coordenação comercial
Alexandre Martins

Preparação de texto/copidesque/revisão de texto
Andréa Regina Almeida

Projeto gráfico de capa e miolo/diagramação
Priscila Barboza

Consultoria textual
Carmen Valle

Impressão: Coan Indústria Gráfica Ltda.

1ª edição: agosto de 2023

CIP-BRASIL. CATALOGAÇÃO NA PUBLICAÇÃO
SINDICATO NACIONAL DOS EDITORES DE LIVROS, RJ

C426c

Chalita, Gabriel

Calendário filosófico : para viver melhor / Gabriel Chalita. - 1. ed. - Rio de Janeiro: Ed. SENAC Rio, 2023.
383 p. ; 15 cm.

ISBN 978-85-7756-483-5

1. Calendários literários. 2. Filosofia. 3. Citações. I. Título.

CDD: 808.883
23-84504   CDU: 82-84

Meri Gleice Rodrigues de Souza - Bibliotecária - CRB-7/6439

APRESENTAÇÃO

As folhas caem das árvores. Caem diferente nas diferentes estações. Quem comanda o tempo da permanência e o tempo do descansar na terra?

O vento vai soprando os dias e a memória vai desafiando o tempo e guardando o que significou. Somos, também, natureza. Os dias nascem e se despedem em nós. Tão rápido como uma folha caída da árvore, como uma folha recebida na terra. O que fazer? Fazer! Fazer com que os dias signifiquem em nós. Que o ordinário nos explique a felicidade dos bons hábitos, das boas escolhas, da celebração do viver.

"Para viver melhor" é preciso conversar razão e emoção, é preciso celebrar os afetos que moram nas amizades e nos encontros inesperados que nos ensinam vidas.

Calendário filosófico: para viver melhor é um convite que a filosofia nos faz. No poder das palavras, moram aconchegos e moram decisões. É preciso pensar e sentir nas palavras e dizer as palavras certas para dentro e para fora de nós.

Que este calendário seja folha virada e folha permanecida, seja limpeza e seja preparo, seja vida feliz. A felicidade é uma decisão e um movimento de todos os dias, da simplicidade e da grandeza dos dias. Desperdício não sentir o que o mundo de dentro e o mundo de fora nos oferecem, quando prestamos atenção. Quando nos lembramos que a cada dia o mundo prossegue amanhecendo.

1

Janeiro

Um sol surpreende os olhos adormecidos e explica mais um início. Há um novo, novamente. Um novo dia. Um novo ano. Um novo amor. Uma nova forma de compreender o novo.

2 Janeiro

Nasce um novo ano. A esperança prossegue acordando os dias, as vidas, a determinação de prosseguir lutando. Que a luta seja digna. As folhas esmaecidas de ontens ainda aguardam um novo texto. Que seja um texto de amor.

3 Janeiro

Desapegue das lembranças que vestem de tristeza sua alma. É ano novo.

4 Janeiro

Uma rosa, uma onda do mar, uma nuvem, a lua, um passarinho cantador já sabem o que serão no ano novo. Nós, não. O poder da escolha foi dado aos humanos.

5 Janeiro

Foram os "nãos" corretos e até os incorretos que sopraram os "sins" necessários para que eu escrevesse, com mais certeza, os grandes capítulos da minha vida.

6 Janeiro

O amor não desbota.
Floresce em novas cores.

7 Janeiro

Que as cinzas limpem a arrogância
e relembrem as transitoriedades.
Tudo passa. Permanece, apenas,
a liberdade de compreender o fim
e o fim. O dia final e a finalidade
de todos os dias.

8 Janeiro

O segredo da paz está em não ter a desfaçatez de tentar controlar o curso da vida. Como dizer ao dia que dure um pouco mais ou à noite que se despeça antes do tempo?

9 Janeiro

Há um cemitério de sonhos, de vidas desperdiçadas de jovens que não tiveram o sol do conhecimento para iluminar o seu caminho. Desaquecidos, desistiram. Faltaram os olhos, as mãos, o coração, os exemplos de um educador.

10 Janeiro

É prova de sabedoria compreender os sofrimentos. De cada dor jorrada, um brotar de flores. E a consciência de que os espinhos não são suficientemente fortes para calar os perfumes.

11 Janeiro

Recolher os cacos do nosso coração
é o início para os recomeços.

12 Janeiro

Faça um pouco de silêncio. Os barulhos te empurram para as lutas que não são suas. Faça um pouco de silêncio. E só depois escolha a luta que merece ser lutada.

13 Janeiro

Desde que deixei de esperar dos outros a esperança que vive em mim e que eu, felizmente, conheci, estou em paz.

14 Janeiro

O perdão é virtude dos poderosos. Dos que, corajosamente, desalojam os passados ruins e prosseguem vivendo com os olhos onde devem estar (para a frente).

15 Janeiro

Quanta sabedoria há no saber viver o momento. O momento que jamais se repete. Um café fumegando sabor e prosa, um ouvir com paciência o dia do outro, um encantamento pelos desprendimentos.

16 Janeiro

No livro das emoções, há palavras que merecem o grifo da atenção e o revisitar constante da alma. Dentre elas, a que limpa, o perdão. E a que perfuma, o amor.

17 Janeiro

A fome de felicidade não se sacia com coisas. Coisas vêm e vão. Entender o que permanece é tarefa para corajosos. Para os que ousam viver sem os enfeites das superficialidades.

18 Janeiro

O outro não é uma parte que nos falta. O outro é o outro. O outro não é responsável pelo amor que não brotou. O amor é meu. E o tempo da compreensão, também.

19 Janeiro

O amor não escraviza, liberta. O amor não diminui, eleva. O amor não desrespeita, floresce. Não há nada mais lindo do que os campos abertos para a semeadura e a paciência da espera do nascedouro das novas vidas.

20 Janeiro

Já sofri com os egoísmos. Com os meus
e com os dos outros. Hoje respiro
o tempo da aprendizagem,
o tempo que me faz esperar menos,
o tempo que me faz amar mais.

21 Janeiro

O presente é o que temos. Futuros nascem depois. Desperdiçar o instante com o que não sabemos ou não decidimos é um erro com a beleza do existir.

22 Janeiro

Preferi dizer a verdade a contribuir para a construção de um castelo imaginário do qual não quero fazer parte. A verdade traz dores que incomodam, dores que libertam.

23 Janeiro

Dizer o certo não é tão simples. Saber o sentimento, também não. Há tantos barulhos que o som do silêncio, que poderia nos ensinar, se perde.

24 Janeiro

Pedaços de retalhos também fazem cobertas que agasalham a alma.

25 Janeiro

Não confunda desejo com amor.
Não confunda faíscas com o sol. A luz do
amor não se desliga em eletricidades.
A luz do amor se acende,
cotidianamente, no exercício do cuidar.

26 Janeiro

Os vazios da alma não se preenchem com prazeres fugidios. O melhor de nós não nos rouba o tempo. Permanece. Mesmo nos vazios. Permanece.

27 Janeiro

Sempre acreditei ser a música a linguagem de Deus. E a natureza a sua pintura encantadora de olhares. Tão diversa e tão harmoniosa.

28 Janeiro

O percurso do ódio é destruidor.
Arranca alegrias. Ameaça liberdades.
Expulsa a paz. O percurso do ódio é
possível apenas nas ausências.
De pensamento. De entendimento.
De amor.

29 Janeiro

Demorei para compreender que o amor que tanto espero não precisa esperar. Mora em mim. E pode ser distribuído sem outras chegadas.

30 Janeiro

A eternidade do nosso amor cabe nesse instante. Único. Precioso. Irrepetível. E ensinador de outros tantos que virão...

31 Janeiro

Que rabisquem como quiserem o texto que, todos os dias, a existência exige que seja escrito. E que aprendam a apagar o que se deve apagar. E sublinhar o que se deve emoldurar nas paredes secretas da memória.

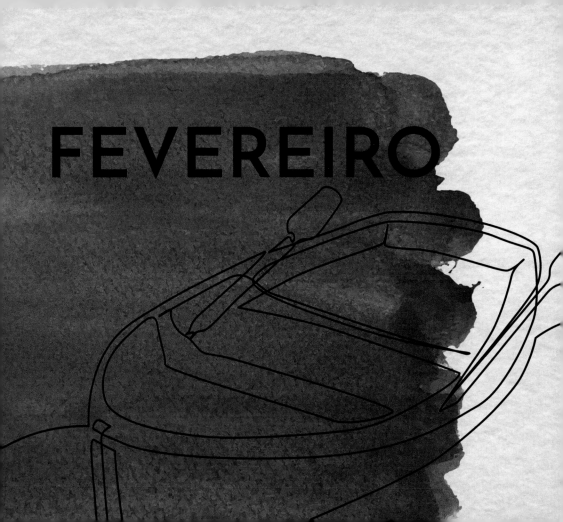

1

Fevereiro

O barco voltou a cumprir seu destino. Sou destinado a banhar de esperança os cascos da minha embarcação. Se um dia desisti, no outro reaprendi.

2 Fevereiro

Não me são nem nunca serão familiares os gestos que diminuem o outro, membro da mesma família humana que sou. Prefiro prosseguir nas utopias de que é a bondade a matéria-prima que nos molda e nos garante felicidade.

3 Fevereiro

Há brotos que renascem de improváveis dias, depois de insuportáveis noites.

4 Fevereiro

Desligo os ditos para te permitir dizer novamente. Sem raiva. Sem preconceitos. Sem precipitação. Diga com calma. O coração não se revela nos ódios.

5 Fevereiro

Eu quero a inocência da infância de volta.
Eu quero os sonhos de um mundo bom
acompanhado das mãos de irmãos meus,
valentes na disposição de amar.
Eu quero jamais desistir de plantar.
O amanhã está nascendo,
desde criança eu sei.

6 Fevereiro

Chamo de paz a disposição amorosa de vencer tudo o que apequena o humano. Temos asas mais fortes do que imaginamos. E é para o alto que vamos quando compreendemos.

7 Fevereiro

Não autorizo ninguém a sujar de arrogâncias meu dia. Polidez jamais será sinônimo de fraqueza.

8 Fevereiro

Nunca vou entender a crueldade. Nem tentem me explicar. Não posso imaginar que de um coração feito para amar pulsem sons de euforia com a dor do outro.

9 Fevereiro

Cuidado para não se alienar de sua humanidade. Cuidado para não cair no preguiçoso pântano das respostas rápidas ou simplistas. Pense um pouco mais. Autorize o tempo a te ensinar. Para acalmar o calor dos impulsos. Para soprar surpreendentes conclusões.

10 Fevereiro

Ouvir é amar.

11 Fevereiro

Que, nas festas da alegria, eu cante e dance as músicas da consciência. Que, na consciência, os temperos todos me expliquem o sabor de viver com tanta gente diferente. Que, nas gentes diferentes, eu sinta a beleza de ser único.

12 Fevereiro

O sol ama o que aquece. Sem exigir reciprocidades nem impedir os imperfeitos do seu calor.

13 Fevereiro

Aprendi com o viver que a felicidade mora no verbo cuidar. É nos gestos de amor, de amar, que a luz vence as névoas e que os dias se fazem bons.

14 Fevereiro

Há um simbolismo pedagógico na Quarta-Feira de Cinzas. A lembrança de que somos pó e morreremos é um convite a nos desvestirmos de qualquer arrogância e vivermos nossos dias com humildade.

15 Fevereiro

A ingratidão é a água negando a fonte,
a árvore negando a raiz,
os viventes negando as mãos que
ajudaram a levantar.

16 Fevereiro

No meio do nada encontrei você.
E, então, entendi que era amor.

17 Fevereiro

Um amigo é um caminhante iluminador
de cenários. É um poeta dos cotidianos
nos dizeres ou nos silêncios.
É um acompanhador das dores
ou das alegrias. De mãos dadas,
o caminho explica mais belezas.

18 Fevereiro

Nunca conheci alguém que tenha se arrependido de um gesto de generosidade.

19 Fevereiro

Tento continuar acreditando que os que agem por mal o fazem não por uma decisão, mas por uma ausência. Esqueceram-se de buscar, no sagrado que mora no interior de todo humano, o que há de mais divino, o amor.

20 Fevereiro

O tamanho da paz é medido pelos tijolos de bondade que eu ofereço ao mundo. Todos os dias. Mesmo quando ninguém está olhando.

21 Fevereiro

Das casas nossas e dos outros, nascem os que governam. Cuidemos, então, da educação. Quem sabe amanhã a lucidez seja uma companheira mais frequente do que a cegueira.

22 Fevereiro

Ainda tenho tempo de ensinar ao tempo em que vivo que negar amor é a maior das injustiças que um humano pode provocar em outro humano.

23 Fevereiro

Já retirei tanto passado de mim. Já desobriguei a memória de acumular ressentimentos. Quero espaços abertos para cultivar apenas generosas experiências de amor.

24 Fevereiro

Não estou sozinho. Moram vidas em mim de pedaços de tempos que me trouxeram até aqui. Que me deixaram chorar, que me emprestaram sorrisos. Que me inspiraram a compreender o bom de voltar a ser eu mesmo.

25 Fevereiro

Abri as janelas e desisti de implicâncias. Há tanta beleza diante de mim, que é um desperdício não experimentar.

26 Fevereiro

Não é a primeira vez que me despeço de um amor. E não será a última que me disporei a proclamar que, sem amor, a vida é apenas uma canção silenciosa aguardando cantar.

27 Fevereiro

A invisibilidade humana é um dos mais severos crimes da sociedade. Omitir-se da triste condição alheia, negar um gesto solidário, abandonar o próximo à própria sorte são atitudes causadoras de injustiça.

28 Fevereiro

O que é apenas matéria que se desmaterialize. O que é intenção amorosa que prossiga.

1 Março

Quando perco a esperança, procuro no mundo ou em mim a imagem de uma criança. Silencio, então, o que vejo e passo a, novamente, semear futuros.

2 Março

Façamos assim, eu não digo nada
dos seus defeitos, nem você dos meus.
E vamos nos melhorando
na paciência do amor.

3 Março

Nas margens, não se conhece o profundo.
É de dentro que se sabe sentimentos.
Que se experimenta coragens.
Que se compreende diferenças.

4 Março

Venha com calma, mas venha. E fale pouco, por favor. E, se conseguir, ouça. Há um barulhar de possibilidades lindas nascendo desde que os nossos sentimentos decidiram se encontrar.

5 Março

A lembrança do seu sorriso desconcerta
meu medo de amar novamente.
Seu cheiro de novidade já desperta
meu paladar de viver. Quem sabe nos
alimentamos juntos depois
da partida da noite...

6 Março

Não desista de mim. Tenho imperfeições que não escolhi e outras que acabei acumulando nos tropeçares da vida. Tenho medos e amores. Amor por você. Amor por viver com você as superações.

7 Março

Há que se costurar algumas rasgaduras de vivências do passado. Quem chega merece um coração inteiro.

8 Março

A coragem é mulher. É geradora de vidas, mesmo na dor. É alimentadora de esperanças, mesmo nos choros. É combatente das insensibilidades, mesmo nos tempos sombrios.

9 Março

Foi só um dia impaciente. E o nosso amor não resistiu. Será que era amor?

10 Março

Não posso ser lapidador de sentimentos alheios. Mal dou conta dos meus. Antes dos encontros, que cada um se encontre. Antes dos enlaces, que cada um se limpe de outras histórias.

11 Março

O mar oferece azul às almas.
Algumas aceitam; outras, não.

12 Março

Estou aqui para ouvir suas escolhas.
E para compreender sua partida.
Se a decisão for ficar, por favor, que seja
por amor.

13 Março

A musculatura de minha alma vem das correntezas que exigiram força, persistência e calma. Nunca me deixei levar por facilidades. É para a frente. É para o alto o meu caminho.

14 Março

Acordei pensando nos ontens,
nas vidas que já vivi. E uma saudade
pareceu desabrigar o hoje de vontade.
Rezei agradecimentos. Levantei.
E olhei para o mundo
que ainda me espera.

15 Março

Enquanto houver, em mim, sentimentos que me façam sentir a dor do outro, agradecerei estar vivo.

16 Março

Corremos um sério risco de sabermos mais da vida dos outros do que das nossas próprias vidas.

17 Março

Curei cortando. Curei aprendendo
que não há cura sem corte.

18 Março

Pedaços de mim foram ficando em cada história que doeu. Súbito, me percebi novamente inteiro. E novamente pronto para, em uma outra história, amar.

19 Março

Ninguém, conhecendo o amor, escolhe as sujeiras.

20 Março

Algumas decisões da vida cabem em mim.
Outras, cabe a mim aceitar.

21 Março

Bom seria se usássemos lentes de bondade. Quem sabe seríamos capazes de ver o que não temos visto. Ou sandálias de delicadeza para não pisarmos nem pesarmos sobre ninguém.

22 Março

Separar o essencial do acidental
é um aprendizado na complexa arte
de aprender a viver. Perdemos muito
tempo com desnecessidades.
Sobra nada para sermos.

23 Março

Apresentemos às crianças o mundo mágico dos livros. No virar das páginas, no dizer das histórias, no olhar e no sorrir, talentos vão nascendo.

24 Março

A lembrança da entrada triunfal de Jesus em Jerusalém. E depois as intrigas. E depois as mentiras. E depois a injustiça. O mesmo povo que aplaudiu incompreendeu o amor.

25 Março

Tenho fome dos dias em que estavam, em mim, as pessoas todas que me plantaram amor.

26 Março

Não me falem em ser forte quando o que
tenho é a dor do não compreender.
Ou a dor do não sentir. Ou a dor do,
depois de tudo, desistir.
Não me falem, apenas silenciem
comigo esses dias que passarão.

27 — Março

Cuidado com a mentira. Se se acostuma com ela, fica difícil perceber o quanto ela te esconde de você.

28 Março

O tempo é uma costura de encontros e, então, as descosturas. O tempo é um tecer de esperanças e, então, a dor. O tempo é o que é.

29 Março

Mataram o amor. Não. Nem todos os ódios reunidos são capazes de matar o amor. Na cruz, o perdão. E a certeza de que a morte é apenas uma passagem. O amanhã existe!

30 Março

Tempo de espera. Tempo de vigília. Tempo de esperança. A vida ressurgirá mais forte e iluminará os amanheceres dentro e fora das gentes.

31 — Março

É Páscoa. Passagem da escravidão para a libertação da morte para a vida. Das mentiras tantas que escravizam para a verdade iluminadora manifestada em cada gesto de amor.

1 Abril

Peço perdão a mim mesmo pelos desperdícios. Pelas teimosias. Pelas desnecessárias lutas. Peço perdão a mim mesmo pelo tempo do não-amor, da não-compaixão, da ausência do existir.

2 Abril

Às vezes, é necessário desviver
para viver novamente.

3 Abril

Há um deserto nas consciências que alimentam o próprio prazer no sofrimento dos outros. Agradeço aos que me ensinaram a romper a frieza e a encontrar beleza em cada respiração desse planeta tão lindo que ganhei de presente ao nascer.

4 Abril

Cedo entendi que o ofício de ensinar
era minha vocação. Aprendi ensinando.
Aprendo abrindo nos medos voos
invencíveis. E assim vou, professando
a crença no humano jeito
de habitar o mundo.

5 Abril

Desamarrar os ontens e sair dos casulos dos medos do amanhã. E viver pleno hoje. Com a mágica dos instantes que não se repetem.

6 Abril

Nenhuma infância desperdiçada. Os sorrisos deveriam ser garantidos, assim como o conhecimento do que é bom e belo. Hoje, amanhãs nascem.

7 Abril

A palavra tem fascinantes poderes. Quando bendita, ilumina o mundo de fora, aquece o mundo de dentro.

8 Abril

O rio é mais limpo na nascente. A face é mais leve sem maquiagens. A viagem é mais confortável sem o peso das desnecessidades...

9
Abril

O tempo do erro também foi de aprendizado. O colorido do que pintei dependeu, também, das tintas que conhecia. E, então, a obra se emoldurou no meu passado. O resto é prosseguimento. Com novas cores, novos saberes. E o novo direito de errar.

10 Abril

Tantas perturbações desnecessárias. Tanta ansiedade diante de nuvens que são apenas nuvens. Um olhar para dentro, e o sol já limpa o dia.

11 Abril

A morte virá. Sabedores disso, cultivamos a sabedoria. A que nos alimenta a vida para escolher o que vale a pena. Se é tudo passageiro, o melhor é passar sorrindo.

12 Abril

Amadureci no dia em que reconheci as cicatrizes da minha alma. E agradeci.

13 Abril

Não se preocupe em gritar vitórias.
Florescer em silêncio é ainda mais belo.

14 Abril

Ser uma ponte que une os diferentes nas diferentes estradas que a vida nos oferece, eis uma conquista do humano jeito de humanizar o mundo.

15 Abril

Guarde no sagrado oráculo, dentro de você, as lindas imagens que a vida te ofereceu. Vez ou outra, nos dias mais friorentos, abra e agradeça as primaveras que nunca deixaram de florescer.

16 Abril

Ao amor, não cabe a métrica das invenções racionais, nem os compartimentos de trancafiadas desconfianças. Ao amor, cabe amar. Livremente e inteiramente amar.

17 Abril

Deixar de brigar com as próprias mágoas e agradecer, inclusive, os erros. E viver vivendo, caminhando, caindo, levantando e, novamente, caminhando... conquistas da sabedoria.

18 Abril

Gente ruim é plantio malfeito.

19 Abril

Esperança é o sentimento que embala
o brinquedo das nossas emoções.
É a criança que abre a janela aguardando
o calor para entrar no mar. Afinal,
é feriado. É dia de festa e as nuvens
haverão de compreender
que o sol foi convidado.

20 Abril

Dar as mãos é mais simples do que decidir amanhãs. O medo do fim pode espantar a beleza dos inícios.

21 Abril

Julgamentos fáceis os dos outros.
Enquanto isso, nos olhamos nada.
E mudamos nada o que grita erros
dentro de nós.

22 Abril

É para frente que se anda.
Com as experiências passadas,
mas não preso a elas.
É para frente que se anda.

23 Abril

Os que nos jogam pedras têm apenas uma certeza, as suas próprias mãos feridas. Se conseguirão ou não nos ferir, depende muito de nós.

24 Abril

É por amor que saio dos cômodos de mim para me incomodar da necessidade vital de melhorar o mundo.

25 Abril

Todos os dias exerço o dever de consciência de perguntar a mim mesmo: "Você amenizou a dor da humanidade?"

26 Abril

O desligar do dia é uma gentileza para recomeços. Deixar o ontem no ontem é prova de sabedoria.

27 Abril

Os pés calejados da dor não retiram dos olhos o poder de prosseguir esperançando.

28 Abril

Sou educador por opção de vida.
É esse ofício que ouso executar, cioso da
enorme responsabilidade de ajudar
os aprendizes a serem protagonistas
de sua própria história.

29 Abril

Quisera eu experimentar, de vez em quando, o sentir dos animais.
Tão desapegados de outras preocupações.
Tão sem exigências na arte de amar.
Tão agradecidos por, simplesmente, estarmos.

30 Abril

E mais um ano se acrescenta em mim. Gratidão por ser caminhante, acumulador de dores e de esperanças. O que perdi prossegue em mim. Em cicatrizes e em memória. O que ganhei é prosseguir amando viver, inclusive os entardeceres.

1 Maio

Trabalhar com o que gosta, anunciar o que acredita, conviver com as gentes e com seus ideais. Labor. Sabor.

2 Maio

Um dizer pesado afugenta a paz do dia.
Já os ditos de amor surpreendem de luz
até os dias tristes.

3 Maio

Quando as paisagens atormentarem a sua visão, olhe para dentro de você. Dentro de você, há montanhas de aconchegos e oceanos de possibilidades.

4 Maio

Em uma história de amor, o excesso de vírgulas só prejudica. Algumas são pausas desnecessárias. Só um ponto final prepara para o que vem depois. A dor, o alívio e, quem sabe, um novo parágrafo.

5 Maio

Negar o direito de ser você é injusto e inumano. Nem mesmo você tem esse direito.

6 Maio

Há beleza demais no universo para me empoeirar de vidas sem vida.

7 Maio

Na intenção de economizar palavras, desperdiçamos sopros de vida em quem amamos. Basta um dizer correto e a noite se deita mais aconchegante.

8 Maio

Encontrar o próprio lugar no mundo é o exercício mais profundo de liberdade. Um lugar em que, iluminados, iluminamos.

9 Maio

Deixe as águas banhar os seus sentimentos e limpar os seus deslizes.

10 Maio

Se pudéssemos compreender que, durante a caminhada, as feridas cicatrizam, pararíamos menos e não daríamos tanta importância ao que nos fere.

11
Maio

O autoperdão é prova de maturidade, é limpeza de alma, é disposição para viver com leveza os amanhãs que virão.

12 Maio

Quando penso em minha mãe e nas tantas mães que se foram, penso na orfandade triste. É dor doída demais. Mas, também, é amor amado demais. E, então, a consciência de que dentro de nós elas moram, sem dor, sem sofrimento, sem ausências...

13 Maio

Barulham, em mim, todos os tipos de sentimentos. Alguns me elevam. Outros me diminuem. É de sabedoria que necessito para compreender.

14 Maio

Mãe. Pequeno ou grande. Em festas ou nas tuas ausências. É em ti que colo a origem e o fim e a travessia. É em ti, porto de onde parti, que reparo o que partiu e o que ficou. Mãe. Você fica. Colada em mim. Para sempre.

15 Maio

Boa parte das nossas frustrações vem das expectativas que construímos. O melhor é construir serenidades. É compreender que nem tudo obedece ao nosso controle. É encontrar, no viver cotidiano, razões para viver em paz.

16 Maio

Sou da esperança. Fiz um contrato com a vida e cumpro, fielmente, a cláusula da não desistência. Viver inteiro é o que me inspira. Com dor ou com alívios, inteiro. Com risos ou com silêncio, inteiro. Fiz um contrato com a vida e cumpro, fielmente, a cláusula da não desistência.

17 Maio

Pena que você não compreenda os gestos que embrulho como prova de amor. Pena que você sabote tanto o pacote da vida que formamos juntos. Amanhã, talvez seja tarde para vencer o cansaço das incompreensões.

18 Maio

De gestos em gestos de bondade, a jardinagem do mundo espalha novos perfumes. É assim que mudamos o todo, no particular da vida.

19 Maio

A gratidão é um dos mais lindos sentimentos da alma. É uma luz iluminadora que sinto e que compartilho com quem me ajudou a ser luz.

20 Maio

Encontrar o nosso lugar no mundo.
E agradecer. E fazer bem-feita a nossa
parte na parte que nos cabe
na melhoria do mundo.
Eis o que chamamos vocação.

21 Maio

Se pudéssemos eternizar os instantes dando qualidade a eles, as ansiedades se abrandariam. E o futuro esperaria seu momento.

22 Maio

Triste síndrome do primeiro lugar. Tristes competidores de uma insana competição. Triste desperdício de vida. "Olhai os lírios do campo e os pássaros dos céus"... e aquietai-vos do barulho que não é vosso.

23 Maio

Com o tempo percebemos que o tempo mais precioso é aquele que gastamos com o que ninguém pode tirar da gente.

24 Maio

Quando nos despedirmos, que a dor
da saudade possa conversar
com a dor da gratidão.

25 Maio

Pequenas doses de bom humor ajudam a dissipar as dores da teimosa certeza de que não dará certo.

26 Maio

Agradeço o poder da escolha. E o saber reconhecer o meu lugar no mundo. Agradeço os tropeços para chegar até aqui e a alegria por não ter desistido.

27 Maio

Primeiro me ame, depois diga o resto.
Se sobrar tempo ou necessidade.

28 Maio

A ignorância acompanhada
da teimosia faz estragos
irreparáveis no existir humano.

29 Maio

O único poder que me interessa é o saber. O resto aprendi deixando ir.

30 Maio

Continue regando. Ainda há vida.

31 Maio

O outro não é um pedaço do que falta em mim. Ou costuro os rasgos que me permiti ou viverei de expectativa em expectativa.

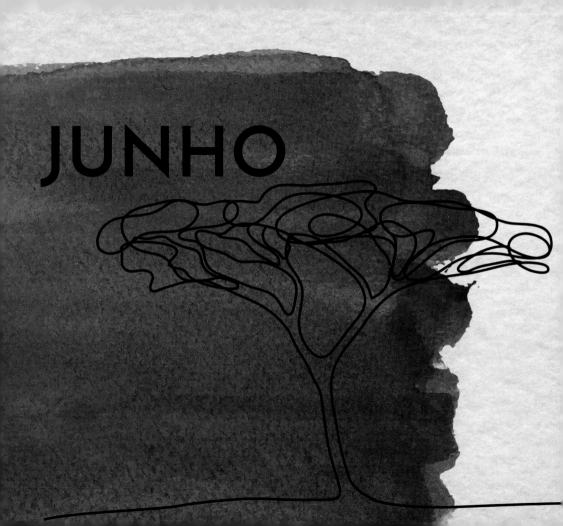

1 Junho

A fé é a experiência do colo. Feche os olhos e os ouvidos e se entregue aos aconchegos de Deus.

2 Junho

As nossas carências nos fazem dizer "sim", quando deveríamos dizer "não". É um alívio, quando amadurecemos e compreendemos o tempo da liberdade.

3 Junho

Abrace novas possibilidades.
Cante músicas que você nunca cantou.
Dance, mesmo que, às vezes, sozinho.
E nunca, nunca deixe as cortinas
fechadas para os amanheceres.

4 Junho

Que tenhamos a sabedoria de fechar
as portas aos que chegam sem amor...
que os seus gritos de mentira ou ódio
não perturbem os silêncios do templo
sagrado que somos nós.

5 Junho

Temos este poder. O poder de dar significado às pessoas que amamos. O poder de tirá-las do meio da multidão.

6 Junho

Longe de mim permitir o desbotamento de uma esperança.

7 Junho

Amar é criar espaços para o outro florescer.

8 Junho

Não se envergonhe pelo que falta. Não falta. As roupas e enfeites só fazem diferença para quem se perde nas superficialidades.

9 Junho

Um único sorriso que somos capazes de fazer brotar em alguém justifica o nosso dia.

10
Junho

O silêncio é professor das palavras. Sem ele, elas saem desajeitadas, causando estragos.

11 Junho

Confesso que não gosto da sensação das despedidas. Confesso que me curvo diante da dor de perder quem amo. Confesso, também, que nem por isso deixo de amar.

12

Junho

O dia em que senti uma parte de mim voando e quis voar junto para me encontrar, entendi o que é o amor.

13 Junho

Você é ainda melhor depois que os anos revelaram o que os sonhos pressentiram: nascemos um para o outro.

14 Junho

Pode ter sido, apenas, um dia ruim.
Acalme suas desconfianças.
Nada é definitivo. A não ser a decisão inegociável de prosseguir vivendo.

15 Junho

A simplicidade é a mais segura ponte
que nos leva a Deus.

16 Junho

O frio é um pretexto a mais para que o abraço desafie o tempo.

17 Junho

Sou um e sou pedaços. Pedaços de alegria. Pedaços de sonhos. Pedaços de dor. Pedaços de tempos bons e de outros. E cada um deles é sagrado. E cada um deles ocupa o seu espaço na geografia da minha alma.

18 Junho

Sou frágil como convém a quem se sabe humano. E sou forte para derrubar as amarras que tentaram colocar em mim. É de liberdade que me visto todos os dias para existir.

19 Junho

Peço a Deus a simplicidade de prosseguir acreditando. De prosseguir abrindo as janelas da minha alma para respirar a vida que me é dada.

20 Junho

Acordei com sujeiras que não me pertencem. Respirei o dia perdoando a mim mesmo pelos erros de ontem. E, então, limpei os espaços que me cabem e voltei a acreditar no amanhã.

21 Junho

Perdoar é tomar um banho de alma. É deixar as sujeiras partirem.
É estar limpo para prosseguir.

22 Junho

Vale o aprendizado de que nascemos sozinhos e que sozinhos, um dia, partiremos. O que não significa que não devamos amar. O amor é uma deliciosa companhia, uma brisa reparadora, uma lente que nos faz ver o indizível.

23 Junho

O templo que somos precisa de pausas, de silêncio, de oração. Precisa de afetos nascidos da alma. De aconchegos que preparam os dias. Sem vida interior, nos perdemos. Fiquemos com o que é nosso, com o que ninguém pode nos dar ou retirar.

24 Junho

Quando me criticam com amor, agradeço. E me ponho a lapidar incorreções. Quando me agridem perversamente, contemplo o universo de possibilidades e prossigo sem dor.

25 Junho

Mendigar afeto jamais! Ou há amor ou é melhor partir. Mesmo partido.

26 Junho

O amor nos alivia o peso dos dias.

27 Junho

Não me cobrem coerência.
Sou experimentador de sentimentos.
Se me encontro, fico. Se me espantam,
tomo a estrada dos recomeços.

28 Junho

Os ciclos vão fechando suas portas.
Algumas emperram pelo medo
das despedidas. Outras teimam em
esperar o que já não mais existe.
Sabedoria é seguir em frente.
Porta fechada é, também, porta aberta.
É possibilidade. É o que virá.

29 Junho

Permita ser único a cada dia. Permita ser rio que não para. Permita a lembrança das nascentes, quando sujeira nenhuma havia.

30 Junho

Para viver a dois, é preciso entender os cansaços e aceitar as mãos oferecidas para o levantar. E fazer o mesmo. Não como retribuição, mas como compreensão do sentido do amar.

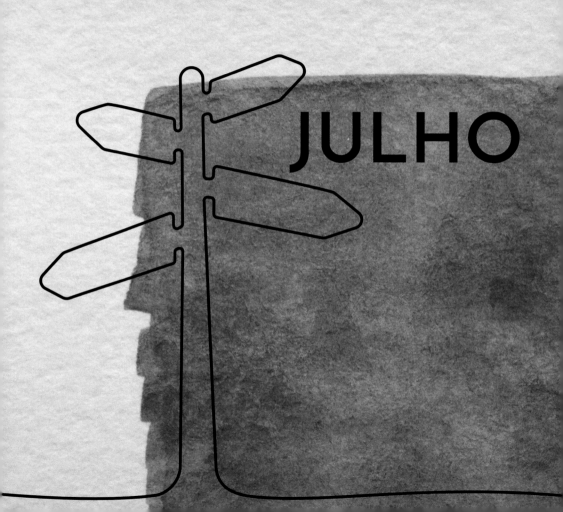

1 Julho

Perder a paixão é perder a razão de ser do artista. Antes da feitura da obra, há o intento amoroso. Durante, também. E, também, depois.

2 Julho

Dar as mãos, apesar do suor e do cansaço, apesar dos calos que incomodam, ainda é a melhor saída.

3 Julho

Na travessia da vida, há muito barulho. Sons que confundem. É no silêncio dos encontros que recobramos o caminho.

4 Julho

A vida interior é chama que se alimenta de bondade. Ventos de egoísmos estão por aí e não são fracos. Forte é minha decisão de amar.

5 Julho

É o futuro que rega o florescer do presente. Cada um percebe, em seu tempo, o tempo do desabrochar.

6 Julho

Quem nos dá amargura nos lábios
ou vagueza nos olhos não é o tempo,
mas o que fazemos dele.

7 Julho

A consciência da transitoriedade nos faz compreender que a nossa dor, mesmo parecendo, não é a dor maior.

8 Julho

Acordar e ouvir a canção dos afetos. E cantar junto. E não fazer concessões na decisão inegociável de ser feliz.

9 Julho

Uma sociedade de superficialidades rouba instantes preciosos. Histórias belíssimas perdem o direito de nascer.

10 Julho

A esperança é a matéria-prima
de que o futuro é feito.

11 Julho

Fazemos parte de uma multidão
e somos únicos.

12 Julho

Pobres daqueles que se encantam com o primeiro canto. Conheçam melhor os cantadores. Podem estar dublando.

13 Julho

Você chegou com uma alegria tão pura que me purificou. Agora, brinco de enganar o tempo do adeus.

14 Julho

O sofrimento é um companheiro
necessário. É ele quem nos empresta
o que somos e perdemos.
Para nos reencontrarmos.

15 Julho

Quanto ensinamento há
no rio que não para...

16 Julho

Nunca vi um mentiroso, um dissimulado, um perverso ser feliz.

17 Julho

Que nossas cicatrizes construam
a nossa identidade.

18 Julho

A beleza do percurso está, também,
na efemeridade das paisagens.

19 Julho

Olhos no céu, mesmo nas brasas. Asas.

20 Julho

E, então, eu me sento e separo o bom do resto. Como na casa antiga, onde meu caráter foi forjado.

21 Julho

O dia a dia se colore quando sou capaz de percorrer becos comuns, encontrar pessoas comuns, com dilemas comuns… E, na finitude dos instantes, compreender o eterno.

22 Julho

O perdão tem o poder
de mudar uma vida. Duas.

23 Julho

Quero o amanhecer dos encontros
sem abrir mão do entardecer
das nossas almas.

24 Julho

Não se trata de um passeio os tempos da existência. Trata-se de labor, de suor, de transformação. E de poesia, por que não?

25 Julho

Leiamos poesia.
Nos livros e nas pessoas.

26 Julho

O amor tem vários filhos, como a ética, o respeito, a compaixão, a fraternidade. Estão todas em prateleiras empoeiradas pelo desuso.

27 Julho

Quando os sorrisos se perdem,
o mundo se apequena.

28 Julho

Famílias ausentes trancam as janelas do futuro para os filhos. Os afetos desperdiçados cobrarão seu preço.

29 Julho

A vida é uma passagem, tempo-espaço. Pode ser pesada ou leve. Sombria ou iluminada. Escolha com Amor.

30 Julho

Um amigo é um rosto que, na multidão, nos acalma. É uma voz que silencia nossos medos. É um colo que ouve nossos cansaços e que nos ajuda a reencontrar a essência perdida. De mãos dadas, a travessia ganha outra paisagem.

31 Julho

Nem devagarinho nem depressa se esquece de uma amizade nascida no fogo demorado das lenhas.

1 Agosto

As escolhas que fazemos registram o traçado da nossa existência.

2 Agosto

É preciso ter olhos de ver o grandioso espetáculo de todos os dias.

3 Agosto

Frágil como convém a um ser que pensa.

4 Agosto

Ou me queira por inteiro ou compreenda
a minha decisão de partir.

5 Agosto

A mentira tem poderes devastadores. E quando é sutil, é ainda pior. Travestida de verdade, causa muita dor.

6 Agosto

O que muda quando muda o dia?
Depende. Depende da nossa capacidade
de reinaugurar a vida.

7 Agosto

Nasço a cada instante em que retiro as mortes de mim.

8 Agosto

Mesmo nos desafinos de belas canções,
há promessas de novos saraus.

9 Agosto

Os sentimentos, depois de algum tempo, organizam-se. As escolhas vão dando forma aos desejos. O que, ontem, aquecia; hoje, pode afugentar.

10 Agosto

A humanidade é um projeto que deu certo. Tratemos as exceções como exceções.

11 Agosto

Eram grandes as mãos de meu pai. Nelas, os meus medos encontravam descanso. Aconchego – é o que vem à memória. Confiança. Ternura. Modelagem. Mãos de meu pai.

12 Agosto

Quem sabe o seu sorriso
convença as névoas.

13 Agosto

Desamarre o passado. E prossiga.

14 Agosto

Li, nos livros e nas pessoas, palavras e sentimentos. Alimento.

15 Agosto

A aspiração dá sentido às nossas escolhas. Não é possível voar sem ter antes o destino. É, no mínimo, incauta a embarcação que parte sem rumo.

16 Agosto

O universo da procura é mais rico
que o da descoberta.

17 Agosto

A cultura do encontro é mais natural que a cultura do descartável.

18
Agosto

Perdoar é, mesmo diante da lembrança da dor causada, compreender a cicatriz. Não é esquecer. Mas é deixar a dor partir.

19 Agosto

A surdez emocional é fruto da embriaguez de ausências. Não somos nada por temor. É o amor, canção honesta, que nos presentifica no outro.

20 Agosto

A dor da paixão traz infortúnios. Mas passa se tivermos a maturidade de conversar com o tempo. O que dificulta é a impaciência. É a recorrência no erro de perfurar novamente o corpo dolorido.

21 Agosto

A família se alimenta do diálogo. Saber dizer. Saber escutar. Percorrer, com leveza, os segredos. E revelar as irmandades nascidas dos afetos.

22 Agosto

Ainda há uma porta no cômodo que o amor frequentou. Quem sabe alguém chegue. Quem sabe eu ainda saia.

23 Agosto

Lutas de amor sem amor são inglórias. Pedaços de tecido arrancados de forma humilhante não aquecem. Migalhas pedidas com suplicação não espantam a fome.

Quero a liberdade de dizer a mim mesmo: siga o seu caminho, caminhante.

25 Agosto

Acordar e agradecer. Que seja um dia bom. Apenas isso. Da bondade, nascem as outras conquistas. As que valem.

26 Agosto

Venha me agasalhar com sua promessa de eternidade.

27 Agosto

O amor é capaz de jogar luz
na escuridão dos meus instintos.

28 Agosto

Se os nossos sentimentos secarem, reguemos.

29 Agosto

A nobreza do magistério reside justamente na capacidade de transmitir aos aprendizes a beleza e a grandiosidade dessa magnífica experiência que é a vida.

Fingir não amar? Não contem comigo.

31 Agosto

Não contem comigo para a perversidade. Não contem comigo para as tramas que enganam e que aprisionam. Sou feito da terra que ri, quando brotam frutos, e que chora, quando queimam possibilidades.

1 Setembro

Voltemos à criança. À beleza de ter um mundo de esperança. De confiar. De revelar os sentimentos. De chorar e rir sem o incômodo das máscaras.

2 Setembro

A morte é a primavera da alma. Difícil compreender, simples aceitar. Do lado de cá, as árvores se vestem de morte no inverno e, depois, desacreditando a lógica, ressurgem perfumando de esperança o mundo.

3 Setembro

Apodrecemos quando negamos ao outro
o que sonhamos para nós mesmos.

4 Setembro

Ninguém consegue ser feliz fazendo infeliz o outro.

5 Setembro

A literatura desconhece fronteiras e, corajosa, amplia os horizontes dos afetos e da razão.

6 Setembro

Olhe ao redor. Agradeça. Pessoas e paisagens compõem o espetáculo da sua existência.

7 Setembro

Que o Dia da Independência seja o dia da vitória da liberdade sobre as ignorâncias. Que o marchar seja o da razão. E que as armas possam ser as palavras ditas, com respeito, a respeito da vida. E que gerem ações que a dignifiquem.

8 Setembro

Tristes tempos em que os julgadores se multiplicam e os compassivos se intimidam.

9 Setembro

Peço autorização para entrar na sua casa, na sua vida, sem incômodos.

10 Setembro

É melhor assim: o abraço solidário, a cumplicidade diante da dor.

11 Setembro

É um desperdício deixar o burburinho interminável da teimosia roubar a preciosidade do silêncio.

12 Setembro

A educação é a profetisa do novo mundo. Só a educação é capaz de ensinar ao homem a beleza do próprio homem.

13 Setembro

Gostar de viver. Eis o segredo para que a vida nos surpreenda e para que o cotidiano tenha sabor de novidade.

14 Setembro

Há o que nos eleva e há o que nos diminui. O que nos alimenta e o que nos atormenta. E há, mesmo que escondida em algum lugar dentro de nós, a sabedoria. Que nos faz compreender.

15 Setembro

Não dou a ninguém o poder de fechar as portas. Nos meus cômodos e incômodos, mando eu.

16 Setembro

A caixa de memórias, que cada um de nós tem, guarda pessoas e momentos. Vez ou outra, é bom visitá-la.

17 Setembro

A idade do entardecer é tão bela quanto a idade do amanhecer.

18 Setembro

Amigos são assim. Mesmo quando teimamos em entrar na água fria, ficam próximos com as toalhas preparadas e, se necessário, as cobertas.

19 Setembro

Não troque o esplendor da liberdade pelo rancor dos atiradores de pedra. Esqueça. Eles nada significam se você a eles não der significado.

20 Setembro

Os outonos nos preparam outros tempos. Nas árvores. Nos perfumes. Na alma. E, então, surge a primavera. Miraculosamente. Enfeitando de novidades a vida.

21 Setembro

Na dor dos meus irmãos, vivo também. Sofro os sofrimentos da humanidade. E trabalho coletivamente para a chegada da primavera. Plantando verdades e limpando ódios. Coletivamente.

22 Setembro

Éramos jovens e o tempo se desgrudou sem escrúpulos e sem avisos.

23 Setembro

Cada um tem de experimentar o território sagrado do silêncio e da solidão. E cada um, para existir de fato, tem de dar conta de seu próprio vazio.

24 Setembro

Sou escritor e tenho esperança. Esperança de que a palavra esteja a serviço do amor. Esperança de que a palavra não seja usada como instrumento de ódio, que não sirva para erguer barreiras e afastar os humanos. Esperança de que a palavra sirva para abrir caminhos e criar veredas e paragens por onde possam chegar o entendimento e a harmonia, a fraternidade e a solidariedade.

25 Setembro

Só mais um pouco e o instante terá ido embora.

26 Setembro

Caminhar sabendo para onde ir faz toda diferença. Crença.

27 Setembro

Benditos sejam os nossos erros!
Humanizam.

28 Setembro

Amigos ouvem sem pressa.
E têm pressa de ouvir.

Sem uma chama interior, sem um fogo que transforme, sem uma luz que ilumine, sem uma paixão que arda, a juventude não fica.

30 Setembro

Um coração compreensivo é como uma pérola preciosa. Nasce da dor. Garante um tempo longo de beleza.

1 Outubro

A palavra, depois de pronunciada, não mais nos pertence. Mas pertence a nós a decisão de pedir perdão.

2 Outubro

Venha brincar de eternidade. Em mim, há você. Nos cenários que revisito e nos que antevejo, há você.

3 Outubro

Faz frio. E a solidão cobra o seu preço.

4 Outubro

Se há algo que vale a pena nesta
pequena jornada que é a vida,
é o estender as mãos...

5 Outubro

Esperança, venha sentar-te comigo.
Venha dizer o que esqueci.
Venha ensinar-me sobre o tempo.

6 Outubro

Como não acreditar? Milagres simples simplesmente me dão provas, todos os dias, de um Amor que não se cansa de surpreender.

7
Outubro

As janelas fechadas significam que a casa está sendo arrumada. Que a sujeira está sendo limpa. E que os enfeites estão encontrando seu espaço para adornar e dar aconchego. Há o tempo da reforma e o tempo da inauguração. Em tempos de reforma, é melhor não fazer convites.

8 Outubro

Apesar dos entulhos bolorentos,
há sempre uma composição
inédita prestes a nascer.

9 Outubro

Brincavam de vida, enchiam-se de encantamentos. Olhavam-se pela primeira vez. Sempre pela primeira vez. E havia calor.

10 Outubro

E, no calor, faziam promessas.
E, no calor, o êxtase. O milagroso
instante. Foi assim que tudo começou.

11 Outubro

Roubaram o meu sorriso. Nem sequer pediram autorização. Chegaram barulhentos, corpulentos, violentos e lá se foi o meu sorriso. Pegaram-me desprevenido. E eu tive de entregar aos intrusos o que de melhor eu tinha. E partiram. Para quem eu devo dar parte?

12 Outubro

Em uma criança moram esperança e desperdício. Alimente o habitante correto.

13 Outubro

Criança tem voz. Voz para ser ouvida. Criança tem sentimentos. Sentimentos para serem compreendidos. Toda criança tem o direito de ser alimentada de futuro.

14 Outubro

Todas as vezes que revisito essas feridas, sangro. Não gosto dessa sensação, mas o que fazer se não ensinaram sobre o tempo?

15 Outubro

Sou professor por convicção, por paixão, por crença na pessoa humana. É na sala de aula que me realizo. Local sagrado em que aprendo e ensino. Em que partilho vidas e conteúdos, em que construo significados.

16 Outubro

Professores são gerenciadores de sonhos. Precisam tocar, envolver, mover as almas ávidas por um futuro ainda em gestação.

17 Outubro

Em todos os cantos que a vida me proporcionou ou que eu ousei arriscar, cantei.

18

Outubro

Risco a palavra ~~lamento~~ e sublinho a palavra <u>encanto</u>. É assim, entre rasuras e reescritas, que meu texto atesta minha crença na vida.

19 Outubro

O caminho entre a razão e a emoção é a segurança de não perder o rumo.
Não há sentimentos indomáveis.
Há fracos domadores.

20 Outubro

Esperança, amiga minha, não se vá apressada. Sei que estou sombrio. Mas estou. E, se estou, ainda posso pedir: fique.

21 Outubro

Infelizes são aqueles que passam a travessia a desconstruir imagens alheias. Ninguém vive de restos de destruição.

22 Outubro

Saber ouvir é preencher parte de nossa incompletude com a sabedoria das prosas e a beleza dos encontros.

23 Outubro

Uma infância sem sonhos
é terra fadada à infertilidade.

24 Outubro

É curta a aventura da vida,
mas é encantada.

25 Outubro

Pensamentos e ações corretas nascem diretamente do coração. Os maiores erros são cometidos pelas ausências. De amor. De amar.

26 Outubro

Educar é acolher. Mestres e aprendizes entrelaçados nos teatros da vida, convivendo na construção de crenças e possibilidades, fazendo nascer amanheceres sem desconsiderar os que a natureza nos dá gratuitamente.

27 Outubro

Se ninguém estiver olhando, faça o correto mesmo assim!

28 Outubro

Ser professor é a minha verdade.
Aprendo e ensino como razão de existir.
E assim escrevo. E, escrevendo, revelo
minha opção pela esperança.

29 Outubro

É para o alto que vamos. Todos. Com pausas ou quedas. Com medos e dores. Com risos e amores. É para o alto que vamos. Todos. Chegaremos? Quem sabe? Esperança.

30 Outubro

Falaram-me das raízes que alimentam a alegria. Resumiram-nas a duas: coragem e paciência. Acrescento mais uma: esperança. Já que o amor mora inclusive no não-dito.

31 Outubro

Seja gentil. Com quem merece e com quem você acha que não merece.

1 Novembro

Foram apenas duas palavras e nossa história começou. Palavras quaisquer. Coisa que todo mundo diz. "Pode entrar". Apenas isso. E o amor entrou.

2 Novembro

Um bebê, no ventre materno, não conhece do mundo que está para vir, antes do parto. Partimos desse mundo também sem saber. O que nos resta é o sentir. É a fé que sopra delicadezas em nós, que nos alivia as despedidas.

3 Novembro

Lembrar a vida dos que não vivem mais por aqui é um ritual do sagrado amor que não morre nunca. Permanecem nas memórias dos tempos fugidios. Permanecem nos mistérios insondáveis da eternidade.

4 Novembro

No sussurro desta declaração, encerro o tempo das esperas e anuncio o tempo da alegria.

5 Novembro

A arte tem um poder transformador. Um poder de alimentar a chama da sensibilidade e da inquietação. Os inquietos mudam o mundo.

6 Novembro

A felicidade só deixa de ser utopia quando nos completamos com a inteligência e o afeto do outro.

7 Novembro

Quem sou eu diante do gigantesco universo de mistérios? No espaço, sou quase nada. No tempo, também. Em você, miraculosamente, sou o que basta. Sei disso. Todos os dias, você revela o tamanho que ocupo em você. Amor.

8 Novembro

Amo as palavras, porque é delas que nascem os enlaces.

9 Novembro

A morte dos girassóis se dá efetivamente quando eles se convencem de que o sol nunca mais voltará para o seu girar. Padecem de ignorância os girassóis, porque o sol sempre volta.

10 Novembro

Eis o que sou. Um pouco de muitos. Um. Apenas um. E mais um inventário de sensações e intenções. Um punhado de dor. Um sussurro tímido a pedir ajuda. Um olhar de enlace em busca de alguém que não desista de mim. Eis o que sou. Um balaio de vidas que por aqui passaram.

11 Novembro

Matérias-primas de que somos feitos são duas: pó e amor! O pó nos iguala. O amor nos identifica.

12 Novembro

Olhar para trás e agradecer. Olhar para a frente e compreender. Sementes têm seu tempo de germinação.

13 Novembro

Você se esqueceu de que a dor já lhe fez companhia? Esqueceu que ela se foi? Ela chegou sem avisar, mas, se não lhe dão mais atenção do que o necessário, sem avisar ela se vai.

14 Novembro

Aos amantes não amados, não um conselho, mas um intento amoroso: abandonar os sapatos viciados e ousar novos caminhos.

15 Novembro

Acordei. Acordai, irmãos meus. Não desperdicemos a liberdade para que ela nunca parta nos deixando partidos de arrependimentos. Acordemos juntos o acordo de um tempo de paz. Nasce hoje um novo país!

16 Novembro

Professores são multiplicadores de esperanças, de sonhos, de amanhãs.

17 Novembro

Está tudo aí. Manto de retalho velho.
Tem história. E ainda aquece.

18 Novembro

Somos diferentes, mas banhados pelo mesmo luar e talhados pelo mesmo Artesão. Alguns enxergam o luar de recônditos românticos. Outros, catando papel nas ruas. A lua é a mesma. E o barro de onde viemos, também.

19 Novembro

Escreva até que a palavra se complete. Apague, se quiser. Mas, se for usar a borracha, peça licença, porque a palavra escrita não é mais sua. O traçado já faz parte do sonho de muita gente.

20 Novembro

Olho nos olhos dos meus irmãos de humanidade e respeito a todos. Só não respeito o desrespeito. Só não amo o desamor. Só não abraço os braços fechados do ódio ou da indiferença.

21 Novembro

Que as crianças emprestem à humanidade sorrisos de esperança. Que o brincar espante as mágoas e outras sujeiras que enfeiam o mundo. E que, nos abraços, caibam todos nós, diferentes e iguais na necessidade de amar.

22 Novembro

A tolerância é um valor notável.
Tolerar não é suportar o diferente,
é agradecer a diferença.

23 Novembro

Eu te amo. Se tiver dúvida, não diga.
Se tiver certeza, não economize.

24 Novembro

Lutar contra o luto é tarefa insana.
A compreensão da dor é escola
ensinadora da condição humana.
Vivemos de aprender a chorar as
despedidas e, no tempo certo,
a sorrir a gratidão.

25 Novembro

A harmonia no ambiente escolar não é uma utopia. É talvez uma tarefa complexa que exige o que de melhor podem dar os educadores: competência, coragem e muito, muito amor!

26 Novembro

Quem gosta de viver não tem preguiça de reinventar, nem medo de ousar. Quem gosta de viver não tem medo da ternura, da gentileza, do amor. Quem gosta de viver educa!

27 Novembro

Na escola pode, e deve, imperar a ternura. Ali, em seu terreno fértil, pode crescer a planta de onde a civilização retira a essência do melhor antídoto contra a violência: a gentileza.

28 Novembro

Há muitas formas de desenvolver conhecimento, mas o ato de educar só se dá com afeto, só se completa com amor.

29 Novembro

Na ciência dos afetos, na arte do conhecimento, professores prosseguem no digno ofício de esperançar.

30 Novembro

Carecemos do simbólico. Um olhar,
uma palavra, um gesto de amor
e a esperança alimenta a fé.

1 Dezembro

Professores são arautos. Portadores que se ocupam em levar mensagens diversas aos aprendizes, ao fim, simbolizam a esperança que depositamos em novos e melhores tempos.

2 Dezembro

Não poucas vezes, fui vítima de
comportamentos inadequados.
Não poucas vezes, lamentei vozes
deseducadas. O tempo foi me ensinando
a abraçar a paciência e a peneirar
a sujeira dos outros.

3 Dezembro

O amor que, um dia, senti adoeceu. O tempo foi medicando. Ainda não estou pronto, mas, pela janela, vejo o sol começando a aquecer.

4 Dezembro

Brincante, nos campos de ontem, canto a canção da espera. Virá a primavera. Errou quem disse: "estão mortos". Melhor ver antes. Paciência.

5 Dezembro

Quero viver emaranhado de nós.

6 Dezembro

Sou semeador de tempos novos. E, se encontro terrenos resistentes, resisto a desistir. E prossigo alimentando minha esperança de atitude.

São as sementes desabrochando vidas livres e boas que enfeitam de gratidão a história de um professor.

8 Dezembro

Na biblioteca da nossa alma, moram ensinamentos profundos, escritos em tempos diversos, em diversas sensações. É preciso silêncio e leitura para apreender.

9
Dezembro

Na regência dos sonhos, o professor trabalha a harmonia do mundo de cada aluno. No encontro das diferenças, propõe a beleza do que une.

10 Dezembro

Educar é a arte do encontro.
Com as pessoas e com os saberes.
É um aprender com o passado e um olhar para o amanhã. Mas é, sobretudo, eternizar os instantes do presente em que professores e alunos cultivam a vida.

11 Dezembro

Se não quer mais, não rejeite. Trate com delicadeza quem ainda cultiva o seu amor. Se partir, parta, emprestando respeito e consideração. Flores podadas com cuidado prosseguem flores em outra estação.

12 Dezembro

Sou um consertador de asas. Se vejo alguém que amo, por fazer parte da mesma humanidade que a minha, quebrado pelas circunstâncias, não desperdiço o tempo ou a oportunidade. Com delicadeza, toco na parte da alma que quebrou e explico novamente o voo.

13 Dezembro

Não compete a mim decidir a idade que tenho. Compete a mim viver a idade que tenho. Viver com as esperanças próprias de quem está vivo e com as limpezas necessárias de quem, tendo vivido, prosseguirá vivendo.

14 Dezembro

Histórias inocentes se perdem por dizeres irresponsáveis. Palavras que causam dissabores deveriam ser demitidas. E contratadas, apenas, as nascidas de olhares enxergadores de amor.

15 Dezembro

Eu tenho esperança de que tenhamos um mundo melhor. Por isso, sou professor. Vejo nos aprendizes o que me fascina. Um frescor de vida, um lampejo de novos tempos.

16 Dezembro

Não se regam os roseirais com pressa.
Eles têm o tempo do namoro das águas
para enfeitar de delicadezas o caminho
dos passantes.

17 Dezembro

É preciso ter cuidado com a teimosia que quer significar amor. O amor não é arena dos suplicantes, dos insistentes no preenchimento da solidão. Quando se diz e não se ouve, talvez o melhor seja o silêncio e só depois uma nova canção.

18 Dezembro

Entregue as pedras e ouça a harmonia que mora dentro. Depois, mãos dadas. Depois, a concórdia. São as cordas do coração que guardam o segredo dos sons que pacificam o mundo.

19 Dezembro

Dia bom o de hoje. Sempre o de hoje.
Onde se encontram minhas cicatrizes
e feridas de ontem. E minhas futuras
colheitas de amanhãs.

20 Dezembro

Por favor, respeitem o meu jeito e o meu tempo de aprender. A curiosidade brinca futuros em mim.

21 Dezembro

Que poderes de atar laços humanos, de promover a união e de semear a tolerância tem um professor! Que privilégio ser um professor!

22 Dezembro

Amor é substantivo que não
se desperdiça...

23 Dezembro

A vida é um sopro que se afugenta com gritos de violência e que se aquece com encontros de paz.

24 Dezembro

Quero voltar à manjedoura e reiniciar o que deixei. Quero olhar a criança e lembrar que ainda posso recomeçar. Como nos Natais da minha infância em que os encontros nos ocupavam de delicadezas.

25 Dezembro

E o menino da esperança, novamente,
nasce para ensinar simplicidades.
Desperdício não compreender.

26 Dezembro

O menino que, ainda ontem nasceu,
nasce também hoje. E nos outros dias.
Nasce relembrando os nascimentos,
a vitória sobre a descrença, o sonho
de uma estrela sinalizando
de alegria o mundo.

27 Dezembro

Abrir as janelas e ver outros cenários.
E ver, inclusive, o que não se vê.
Sementes prometendo outros amanhãs.

28 Dezembro

O tempo não é dado a permissões de retornos. Mas é amigo das correções de rumo.

29 Dezembro

Na sementeira da vida, vivem sentimentos que, se alimentados, perfumam de bondade o mundo. O amor é o mais nobre deles.

30 Dezembro

O que muda quando muda o ano?
Para quem crê em Deus, no homem e na
vida, muda o calendário e permanece
a esperança.

31 Dezembro

Amanhã, o calendário nos avisa que um novo ciclo se abre. Amanhã, é dia de deixar o ontem e permanecer com o que se aprendeu e ousar arriscar novos aprenderes. Amanhã é, novamente, dia de viver.

A Editora Senac Rio publica livros nas áreas de Beleza
e Estética, Ciências Humanas, Comunicação e Artes,
Desenvolvimento Social, Design e Arquitetura, Educação,
Gastronomia e Enologia, Gestão e Negócios, Informática,
Meio Ambiente, Moda, Saúde, Turismo e Hotelaria.

Visite o site www.rj.senac.br/editora,
escolha os títulos de sua preferência e boa leitura.

Fique atento aos nossos próximos lançamentos!
À venda nas melhores livrarias do país.

Editora Senac Rio
Tel.: (21) 2018-9020 Ramal: 8516 (Comercial)
comercial.editora@rj.senac.br
Fale conosco: faleconosco@rj.senac.br

Este calendário foi composto nas tipografias Autography, Josephin Sans e Tisa Pro,
e impresso pela Coan Indústria Gráfica Ltda., em papel couché matte 90 g/m²,
para a Editora Senac Rio, em agosto de 2023.